Historias de fiestas

El Día del trabajo

Mir Tamim Ansary

Heinemann Library
Chicago, Illinois

HEINEMANN-RAINTREE

TO ORDER:
☎ Phone Customer Service **888-454-2279**
💻 Visit **www.heinemannraintree.com** to browse our catalog and order online.

Editorial: Rebecca Rissman
Design: Kimberly R. Miracle and Tony Miracle
Picture Research: Kathy Creech and Tracy Cummins
Production: Duncan Gilbert

Originated by Chroma Graphics (Overseas) Pte. Ltd
Printed and bound in China by South China Printing Co. Ltd.
Translation into Spanish by DoubleO Publishing Services

ISBN-13: 978-1-4329-1958-0 (hb)
ISBN-10: 1-4329-1958-X (hb)
ISBN-13: 978-1-4329-1965-8 (pb)
ISBN-10: 1-4329-1965-2 (pb)

12 11 10 09 08
10 9 8 7 6 5 4 3 2 1

Library of Congress Cataloging-in-Publication Data

Ansary, Mir Tamim.
  [Labor Day. Spanish]
  El Día del Trabajo / Mir Tamim Ansary.
     p. cm. -- (Historias de fiestas)
  Includes index.
  ISBN 978-1-4329-1958-0 (hardcover) -- ISBN 978-1-4329-1965-8 (pbk.)
  1. Labor Day--Juvenile literature. I. Title.
  HD7791.A5718 2006
  394.264--dc22
                              2008036775

Acknowledgments
The author and publishers are graateful to the following for permission to reproduce photographs: Alamy p. 26 (Imagestate); AP/Wide World pp. 21, 27; Corbis-Bettmann pp. 9, 13, 16, 24; Gamma-Liason p. 28 (Gilles Mingasson); Getty Images p. 23 (Photodisc); The Granger Collection pp. 8, 10, 11, 12, 14, 17, 20, 25; Photo Edit pp. 5 (Ulrike Welsch), 6 (David Young-Wolff), 29 (Michael Newman); Photo Researchers, Inc. p. 15; SuperStock pp. 7, 22; UPI/Corbis-Bettmann pp. 18, 19.

Cover photograph reproduced with permission of Corbis.

Every effort has been made to contact copyright holders of any material reproduced in this book. Any omissions will be rectified in subsequent printings if notice is given to the publisher.

Disclaimer
All the Internet addresses (URLs) given in this book were valid at the time of going to press. However, due to the dynamic nature of the Internet, some addresses may have changed, or sites may have changed or ceased to exist since publication. While the author and publisher regret any inconvenience this may cause readers, no responsibility for any such changes can be accepted by either the author or the publisher.

Contenido

Algunas palabras aparecen en negrita, **como éstas**.
Puedes averiguar sus significados en el glosario.

La última fiesta del verano

Hoy es lunes. ¿Por qué hay tanta gente en el parque? Porque es el Día del trabajo. Las escuelas están cerradas y la mayoría de los adultos no tiene que ir a trabajar.

En este día, muchas familias disfrutan comiendo al aire libre. Algunas familias salen de picnic. Éste es el último fin de semana largo del verano.

¿Por qué descansamos?

Mañana guardaremos nuestros trajes de baño y nuestras sandalias. Ya llega el otoño. Pero hoy nos divertiremos al aire libre. Eso es lo que la gente hace el Día del trabajo.

Y es lo que también se hacía cuando tus abuelos eran jóvenes. ¿Por qué no se trabaja el Día del trabajo? La respuesta la contiene la historia.

El trabajo en el pasado

Hace mucho tiempo, la mayoría de las personas trabajaba
en granjas. Sembraban **cultivos**. Criaban animales. El trabajo
era arduo y lento.

Todo lo que las personas necesitaban se hacía a mano. Estos **bienes** costaban mucho dinero. En la medida de lo posible, las personas hacían sus propios bienes.

ROLLING A RAIL

SAWING A RAIL

La era de las máquinas

Hace aproximadamente doscientos años, comenzó un gran cambio. **Se inventaron** unas máquinas especiales. Estas máquinas podían hacer el mismo trabajo que el hombre, sólo que más rápido.

Las personas adineradas compraron estas máquinas e instalaron fábricas. Utilizaban las máquinas para hacer **bienes** baratos. Una fábrica podía hacer suficiente tela para miles de personas.

Un mundo cambiante

Las máquinas también comenzaron a hacer muchas de las tareas en las granjas. Una máquina podía hacer el trabajo de varias personas. Por ello, muchas personas perdieron sus empleos.

Muchas personas se trasladaron de las granjas a las ciudades. Se fueron para trabajar en las fábricas, en el manejo de las máquinas. Cientos de personas trabajaban codo a codo en fábricas enormes.

Las primeras fábricas

Las primeras fábricas eran sucias, ruidosas y peligrosas. Los trabajadores recibían un salario muy bajo. Muchos debían trabajar más de doce horas diarias, seis días a la semana.

Muchos niños de familias pobres debían trabajar.
No asistían a la escuela. Incluso debían trabajar
los fines de semana.

Nacen los sindicatos laborales

Los trabajadores que se quejaban podían ser **despedidos**. A los dueños de las fábricas no les preocupaba perder empleados, ya que podían encontrar otros trabajadores fácilmente.

Finalmente, algunos trabajadores formaron grupos llamados **sindicatos laborales**. Los miembros de los sindicatos laborales se defendían entre sí. Si alguno era despedido, otros trabajadores podían **negarse** a trabajar.

Declararse en huelga

Al **negarse** a trabajar, el empleado se declaraba en huelga. Una huelga sindical podía causar el cierre de una fábrica. Los **sindicatos laborales** comenzaron a utilizar este poder para exigir cambios.

Los dueños de las fábricas trataban de conseguir nuevos trabajadores. Pero los sindicalistas bloqueaban las puertas de las fábricas para impedir la entrada de los nuevos trabajadores. A veces había peleas.

Los sindicatos crecen

Los policías tenían que acabar con las peleas. A menudo tomaban partido por los dueños y golpeaban a los **huelguistas**. Enviaban a los trabajadores sindicalizados a la cárcel.

Los **sindicatos laborales** seguían creciendo. Cada vez se formaban más sindicatos. Luego, los sindicatos se unían para formar grupos más numerosos. Samuel Gompers encabezaba un grupo con millones de miembros.

Mejores tiempos para los trabajadores

Poco a poco, los **sindicatos laborales** comenzaron a marcar la diferencia. Los trabajadores recibían un mejor salario y no tenían que trabajar tantas horas. Además, dejaron de trabajar los fines de semana. Se aprobaron leyes para hacer que los lugares de trabajo fueran más seguros.

Una nueva ley prohibió a las fábricas emplear niños.
Es por ello que los niños estadounidenses nunca han
vuelto a trabajar en una fábrica. Por el contrario, asisten
a la escuela.

El primer Día del trabajo

En 1882, un líder sindicalista llamado Peter Maguire propuso una idea. Consideró que los Estados Unidos debería tener un día de fiesta para **honrar** a sus trabajadores.

El **Congreso** estuvo de acuerdo. En 1894, se declaró que el primer lunes de septiembre sería un día de fiesta. Fue el primer Día del trabajo.

Los trabajadores hoy día

En la actualidad, son menos los estadounidenses que trabajan en fábricas. Cada vez más personas trabajan en sitios como oficinas y restaurantes. Otros lo hacen en sus hogares. De todas maneras, siguen siendo trabajadores.

En muchas ciudades, el Día del trabajo continúa siendo un día para **honrar** a los trabajadores. Mira este enorme desfile del Día del trabajo en Detroit, Michigan.

Los trabajadores en tu vida

Quizás todavía no seas un trabajador. Pero los trabajadores desempeñan una función muy importante en tu vida. Ellos fabricaron tus juguetes, tu ropa y tu casa.

Los trabajadores hicieron casi todo lo que utilizas o necesitas. Todos los estadounidenses tienen un motivo para celebrar el Día del trabajo.

Fechas importantes

El Día del trabajo

1834	Se forma el primer sindicato en los Estados Unidos.
1869	Se funda un grupo de sindicatos llamado *Knights of Labor* (Caballeros del trabajo).
1882	Peter Maguire propone un día festivo para **honrar** el trabajo.
1886	Se funda la Federación Estadounidense del Trabajo.
1894	El Congreso declara el Día del trabajo un día de fiesta.
1901	La Federación Estadounidense del Trabajo suma un millón de miembros.
1916	Los trabajadores del ferrocarril obtienen la jornada de ocho horas.
1935	Se aprueba la Ley Nacional de Relaciones Laborales (*National Labor Relations Act*) para proteger a los trabajadores sindicalizados de los Estados Unidos.

Glosario

bienes artículos que las personas utilizan

Congreso grupo de personas elegidas para elaborar las leyes de los Estados Unidos

cultivos plantas sembradas por los agricultores para alimento u otros usos

despedido obligado a abandonar un trabajo

honrar mostrar respeto por algo o alguien

huelguistas trabajadores que se han declarado en huelga

inventar idear y fabricar algo por primera vez

negarse no hacer algo cuando alguien lo solicita

sindicato laboral grupo de trabajadores que intenta mejorar sus condiciones laborales

Lectura adicional

Gillis, Jennifer Blizin. *Dolores Huerta.* Chicago, IL: Heinemann Library, 2006.

Schuh, Mari C. *Labor Day.* Mankato, MN: Capstone, 2003.

Krull, Kathleen. *Cosechando esperanza: La historia de César Chávez.*
Minneapolis, MN: Libros Viajeros, 2005.

Índice